Rodez
1900

Durand (de Cros) Joseph-Pierre

Le félibrige

Rapport à la société des lettres sciences et arts de l'Aveyron sur les "fêtes latines de Montpellier

LE FÉLIBRIGE

RAPPORT

PRÉSENTÉ A LA

SOCIÉTÉ DES LETTRES SCIENCES ET ARTS DE L'AVEYRON

SUR LES

« FÊTES LATINES » DE MONTPELLIER

par M. J.-P. DURAND (de Gros)

LE FÉLIBRIGE

RAPPORT

PRÉSENTÉ A LA

SOCIÉTÉ DES LETTRES, SCIENCES ET ARTS DE L'AVEYRON

SUR LES

« FÊTES LATINES » DE MONTPELLIER

par M. J.-P. DURAND (de Gros)

MESSIEURS,

J'ai été assez heureux pour pouvoir remplir la mission que vous m'aviez confiée de représenter notre Société aux « Fêtes latines » dont la ville de Montpellier était récemment le théâtre. Toutefois, ma tâche est inachevée : il me reste à vous rendre compte de ce qui s'est passé sous mes yeux.

Je m'adresse ici à des hommes d'étude plus qu'à des gens du monde ; il conviendra dès lors à mes auditeurs, j'imagine, comme il convient à l'insuffisance de mes talents de narrateur, que je néglige le côté purement descriptif de mon sujet pour vous entretenir plus au long de cet important mouvement de rénovation littéraire et linguistique qui agite le Midi, et auquel la brillante solennité qui vient d'avoir lieu a servi surtout de manifestation, le Félibrige.

Il y a vingt-cinq ou trente ans, un mal (un mal, nous nous hâtons de le confesser, dont nous avons ressenti nous-même les atteintes) commença à sévir dans nos pays de langue d'Oc, en Provence principalement, parmi les jeunes intelligences. C'était une sorte de nostalgie pour le passé de notre patrie méridionale et de son idiome, une noble langue à laquelle ses poètes des XIe et XIIe siècles donnèrent de l'éclat ; qui, l'aînée des nombreuses filles du latin, se donna la première une littérature, mais qui se vit, hélas ! coupée dans sa fleur, et dont maintenant il ne subsiste plus que des débris épars et humiliés, des patois.

Essayer de rendre une nouvelle vie à ces restes, auxquels on a voué une sorte de culte filial, et au moyen de quelque miracle, s'il était possible, revêtir d'un nouveau corps, ramener à l'existence, le fantôme de l'Occitanie, telle fut l'entreprise, telle fut la pieuse illusion des félibres.

Ils débutèrent par un coup de maître, par la publication d'un chef-d'œuvre, le poème de *Mireille* de Frédéric Mistral, d'Avignon. Mais attester la résurrection de la langue d'oc par des productions littéraires auxquelles elle servira d'organe, ce n'était pas assez, pensa-t-on, pour réaliser le grand dessein :

en s'organise en société de propagande *occitanophile*, passez-moi ce barbarisme, et le *Félibrige* (autre néologisme non moins barbare, mais dont je n'ai pas la responsabilité, et dont l'étymologie est, paraît-il, un mystère) et le Félibrige, puisque Félibrige il y a, fût constitué. Un chef suprême, une sorte de général ou grand-maître de l'ordre, dont j'ai oublié l'appellation officielle (1) ; au-dessous, des *majoraux* ou chefs provinciaux ; au-dessous de ceux-ci, des *mainteneurs* ; et au bas de la hiérarchie la foule des simples félibres ou affiliés ; telle est l'organisation de ce corps.

Grande serait votre erreur, Messieurs, si vous alliez vous figurer qu'il s'agit ici d'une nouvelle sorte de franc-maçonnerie, de quelque nouveau carbonarisme recruté d'ennemis de l'Eglise et de révolutionnaires : le Félibrige est du parti conservateur, et après la vieille Provence, sa véritable idole, ce qu'il chérit le plus, c'est le trône, c'est l'autel ; il est ce qu'on appelle légitimiste et clérical.

Je n'ai point ici à juger en elles-mêmes, et j'en suis heureux (au besoin, d'ailleurs, j'en serais empêché par nos statuts), les doctrines politiques et religieuses qui se partagent de nos jours l'opinion publique, et je n'ai à louer ni à blâmer les félibres, pas plus

(1) On nous apprend que ce grand dignitaire porte le titre de *Capoulier*.

que qui que ce soit, d'avoir fait tel ou tel choix entre ces systèmes rivaux. Le rôle d'un rapporteur est principalement de raconter, en laissant aux autres le soin d'apprécier ; cependant mon exposé présenterait une grave et injustifiable lacune si je m'abstenais de vous signaler une difficulté qui s'impose à l'esprit quand on est en présence de l'ensemble de sentiments, d'aspirations et de vues constituant la profession de foi et le programme du Félibrige. Qu'il prenne pour sa devise *le Pape et le Roi*, encore une fois, jusque là je n'ai rien à objecter au Félibrige ; mais qu'il inscrive sur la même bannière, et en première ligne, et en lettres plus larges et plus éclatantes, une protestation de douleur et de haine contre cette croisade contre les Albigeois qui porta un coup mortel à notre Midi, qui frappa au cœur son autonomie politique et littéraire, c'est ce que la logique la plus tolérante ne saurait admettre. Libre au Félibrige de pleurer sur cette catastrophe, c'est là sa principale raison d'être, la source même de son inspiration ; mais c'est faire le plus étrange mépris, soit du sens commun, soit de l'histoire, que de prétendre unir à ce rôle de Jérémie de la Sion albigeoise celui de champion de la papauté et de la royauté.

M. Mistral, le fondateur du Félibrige, son représentant le plus éminent, le plus autorisé, président des assises que cette corporation vient de tenir dans la ville de Montpellier,

M. Mistral, dans un discours manifeste, nous a fait entendre ces paroles :

« La Provence chantait, le Languedoc chantait, la Gascogne chantait ; le Limousin, l'Auvergne, le Dauphiné, la Catalogne, tout le Midi chantait. Il chantait le printemps, il chantait la beauté, il chantait le bonheur de vivre, l'amour, le droit, les grandes causes ; il chantait la croisade contre les Sarrasins, les batailles héroïques où l'homme valeureux lutte pour sa patrie, pour sa raison et pour sa foi ; il chantait le dédain de la force outrageuse, et partageait, — aux rois qui manquaient de cœur — le cœur du grand Blacas.

» Ce siècle des Trouvères, siècle de renouveau, de vigueur, d'épanouissement, d'élégance, de gloire, et surtout d'indépendance, a été, on peut le dire, le grand siècle du Midi.

» Comment donc se voila cette aurore éclatante ? Comment cette splendeur s'éclipsa-t-elle ? et comment s'arrêta cette ascension de notre race, de notre fine race, vers le soleil levant des nationalités ? — La réponse, Messieurs, l'histoire douloureuse de cette catastrophe est écrite en lettres sombres sur les tours incendiées et les châteaux démantelés de Toulouse, de Béziers, de Carcassonne et de Beaucaire. La tête du Midi, c'est-à-dire les poètes, les hommes de la langue et de haut idéal, la tête du Midi tomba sous le fer... »

Certes, quand l'orateur-poète parle de ces

lettres sombres tracées sur les vieilles murailles de nos cités du Midi, ce n'est pas pour employer une vaine figure de rhétorique ; les villes qu'il nomme furent en effet renversées, brûlées, et leurs habitants furent égorgés sans miséricorde, sans distinction d'âge ni de sexe, et ce qui nous confond encore plus, sans distinction de foi religieuse. Les murs croulants de Béziers, notamment, virent leur pied baigner dans une mer de sang, le sang des soixante mille habitants que possédait cette ville florissante, tant hommes que femmes, tant enfants que vieillards, tant catholiques qu'hérétiques, tous massacrés jusqu'au dernier.

Mais si M. Mistral peut maudire ces orgies sanglantes, que personne de nos jours, j'imagine, n'oserait justifier, peut-il oublier quels furent les auteurs de tels excès, et à quels pouvoirs la responsabilité en remonte ? Il est bien trop lettré, il est trop nourri de la littérature et des annales de son cher Midi pour se faire à cet égard aucune illusion.

Mais alors comment s'expliquer les affections et les haines contradictoires entre lesquelles son cœur se partage ? Faudrait-il donc chercher cette explication dans la qualité de poète et d'artiste que l'auteur de *Mireille* possède à un degré si éminent, et dans les prérogatives toutes spéciales attachées à cette qualité ?

Quoiqu'il en soit, les acteurs du drame qui

se dénoua par la conquête française du Midi ne furent peut-être que les instruments inconscients de causes historiques supérieures aux passions des hommes. L'autonomie de nos provinces, leur organisation politique toute faite d'indépendance et de diversité, leurs mœurs tout empreintes de liberté, l'esprit de tolérance religieuse qui y régnait dans toutes les classes et dont les souverains donnaient l'exemple, tout cela formait une société qui était comme l'antithèse vivante du principe de centralisation et d'unité, et l'existence nationale du Midi était sacrifiée d'avance au triomphe de ce principe, dont la formation de l'État français devait être le grandiose résultat. Ce résultat, l'indépendance gauloise ne l'avait pas connu, car Jules César trouva les Gaules à l'état de petites agglomérations politiques (*civitates*) plus ou moins indépendantes les unes des autres, rivales et souvent ennemies entre elles, et n'ayant d'autre lien qu'une certaine communauté de race, de langue et de mœurs. Sous la domination romaine, les Gaules ne furent pas autre chose qu'une province impériale ; sous les Carolingiens, la France ne fut non plus qu'une fraction du nouvel empire. Il n'appartenait pas davantage à la féodalité de constituer ce corps national, car il était de la nature même de la féodalité de tenir les limites des États incertaines et flottantes, les fiefs étant soumis à un régime de mutations qui n'excluait point les étrangers, et qui permettait qu'à un moment donné, à l'improviste, et uniquement par le fait du second mariage d'une femme divorcée, notre bonne ville de Rodez se réveillat un beau matin sujette du roi d'Angleterre.

L'œuvre de l'unification française, ce fût l'œuvre propre de la monarchie, œuvre dont la Révolution est venue ensuite poser le couronnement ; et c'est à l'accomplissement de cette phase des destinées de la Gaule que fût immolé ce qui constituait notre Midi comme nationalité distincte, c'est-à-dire ses gouvernements propres, sa langue particulière. Est-ce une infortune lamentable que cet effacement de l'autonomie méridionale devant la prépondérance de la France du Nord au profit de l'unité française ? Pour mon humble part, Messieurs, je suis très éloigné de partager à cet égard les sentiments du Félibrige. La France, pour devenir une grande et glorieuse patrie ne devait avoir qu'un centre de gouvernement et qu'une langue nationale : c'est au Nord, et non au Midi, qu'est échu le privilège de lui donner l'un et l'autre ; il y a plus de cinq siècles que ces événements se sont accomplis, ils sont irrévocables, et si l'on veut aller au fond des choses on reconnaitra qu'ils sont loin d'avoir eu rien de funeste pour cette portion du pays qui semblait en avoir été la victime ; ne serait-il donc pas puéril de gémir sur cette crise de notre histoire, ne serait-il pas insensé de poursuivre une revanche ou une réparation contre ceux qui depuis des temps si éloignés ont cessé d'être nos conquérants pour devenir nos compatriotes?

Vous vous étonnerez peut-être d'entendre votre rapporteur s'engager dans une discussion semblable, et vous lui demanderez s'il prétend insinuer que les adhérents du Félibrige puissent nourrir des vues séparatistes, et s'il est bien possible que des hommes distingués par leurs talents, par leur position sociale, qui jouissent parfois d'une influence considérable au milieu des habitants de leurs provinces, soient capables de rêver un nouveau démembrement, un nouvel amoindrissement de la France. Votre rapporteur ne se pardonnerait pas d'avoir porté un jugement à la légère sur un point aussi délicat et de s'être exposé par là à tomber dans la calomnie. Mais il se tiendra à l'abri de ce danger et il se renfermera dans le rôle d'un simple et scrupuleux narrateur en vous déclarant que telle est, mais à tort sans doute, l'opinion que s'est formée le public des sentiments qui animent le Félibrige ; et je puis ajouter encore sans compromettre ma responsabilité que, tandis que certains félibres protestent contre cette opinion avec une extrême énergie, d'autres, et ce ne sont pas des moins autorisés, semblent en quelque sorte, si non la justifier, tout au moins y donner prétexte par leur silence, et plus encore par l'ambiguïté de leur langage. C'est ainsi qu'à Montpellier, après un discours en français de M. Lieutaud, dans lequel le savant et sympathique bibliothécaire de la ville de Marseille a repoussé éloquemment, au nom du Félibrige, toute pensée anti-française, M. Mistral a prononcé une harangue en provençal dont nous avons déjà reproduit un passage (en citant la traduction française que l'auteur a publiée en regard du texte original), et dans laquelle on trouve d'autres phrases telles que les suivantes, remplies de formules énigmatiques, d'allusions et de réticences, dans lesquelles il est bien difficile de découvrir quelque chose qui ressemble à une confirmation de la profession de foi de son collègue :

« Dans les fêtes majeures que la pensée
» latine reçoit à Montpellier, le Félibrige a
» le haut bout. Si quelqu'un, en effet, peut
» être ambitieux de relier entre elles toutes
» les nations sœurs, ce sont bien ces félibres
» qui, debout au milieu des sept nations
» romanes (1), vont prêchant sans relâche
» la résurrection du pays ; ce sont bien ces
» félibres qui, cherchant dans l'histoire les
» nobles souvenirs qui peuvent relever et

(1) Les sept *nations* romanes dont parle M. Mistral sont dénombrées ainsi par lui : 1° la nation Provençale ; 2° la nation Catalane ; 3° la nation Française ; 4° la nation Italienne ; 5° la nation Espagnole ; 6° la nation Portugaise ; 7° la nation Roumaine.

» rallier les cœurs, vont prêchant le respect
» de toutes les patries et n'ont point d'autre
» vue que de constituer l'empire du soleil.

» Le but est élevé.... mais en avant ?
» Qui langue a, dit-on, à Rome va. Quand
» notre Rédempteur descendit du ciel en
» terre, la langue officielle, universelle,
» obligatoire, était la langue des Césars. La
» langue était officielle comme la servitude,
» mais Jésus, fils de Dieu, voulant que ses
» disciples eussent en main l'instrument
» nécessaire pour affranchir les peuples,
» accomplit pour eux un miracle qui a trait,
» ce me semble. — autant qu'on peut le dire
» humainement parlant — à notre cause féli-
» bresque. »

Nous devons encore faire remarquer que bien que les fêtes organisées à Montpellier, à l'instigation et sous les auspices du Félibrige, fussent dites *latines*, et que tous les peuples *latins* y eussent été conviés, il est fort significatif que ce sont seulement les gens de langue d'Oc, et notamment les Catalans à l'exclusion des Castillans, de même que les Français vivant au sud de la Loire à l'exclusion de ceux du Nord, et même de Paris, qui ont jugé à propos de répondre à cet appel. Le choix du sujet proposé pour le grand prix de poésie ne donne pas moins à réfléchir : ce sujet, c'était l'éloge de Jacques-le-Conquérant (Jaymes lo Conquistaire) roi de Majorque, qui réunit sous son sceptre une partie du

Midi de la France, et notamment la ville de Montpellier, aux pays de langue catalane arrachés par lui à la domination des Maures.

Si certains adeptes du Félibrige nourrissaient en effet une arrière-pensée sécessionniste vis-à-vis de la France, ils feraient là un mauvais rêve, dont ils se réveilleraient bientôt, espérons-le, et qui sans doute ne prendrait jamais, dans aucun cas, les proportions d'un danger public. Cependant il faut se rappeler à ce propos que d'autres méridionaux, mais ceux-ci arborant des couleurs républicaines, manifestèrent de graves velléités séparatistes à l'époque de nos derniers désastres, et vinrent ajouter aux embarras et aux angoisses du gouvernement de la Défense nationale. Mais qu'il soit bien compris que toute pensée de dénonciation nous serait odieuse, et qu'en examinant le Félibrige par un certain côté, nous avons eu surtout en vue de provoquer des éclaircissements capables de mettre un terme à des interprétations et à des doutes fâcheux.

Si les visées du Félibrige se limitent à la restauration de notre vieil idiome méridional, c'est-à-dire à faire renaître une langue littéraire des patois qui sont tout ce qui survit du beau parler, de *la fina parladura* des Troubadours, nous avons encore le regret de dire que c'est là une autre illusion qui, pour être plus innocente que la première, suppose aussi des entraînements irréfléchis et peu de maturité chez les esprits qui s'y livrent. Au sein de notre civilisation une langue vivante, pour être littéraire, ou une langue littéraire pour être vivante, doit avoir à sa disposition le salon, la tribune, la chaire du prédicateur et celle du professeur, et enfin la presse; elle doit être le parler habituel de ce qu'on appelle la bonne compagnie, elle doit être l'instrument usuel des relations intellectuelles de tout ordre, le moyen de tous les échanges de la pensée; et, pour remplir toutes ces conditions, il en est une autre qui est préalable, c'est qu'une telle langue soit la langue officielle d'un État.

Mais admettons pour un moment, et contre toute possibilité, que les félibres récupèrent leur prétendue indépendance nationale; ils auront l'État, ils n'auront pas la langue. En effet, une langue morte ne peut faire fonction de langue vivante, car le monde social aux besoins duquel on voudrait la plier différera trop de la société ancienne à l'image de laquelle elle s'était graduellement formée. Et, dans l'espèce, ne doit-on pas affirmer sans crainte que la langue d'une société du XIIIe siècle ou du XIVe ne s'adapterait aucunement aux exigences de la vie, tant privée que publique, du siècle où nous vivons?

La langue des Troubadours ne pourrait donc revivre parmi nous à moins de se rajeunir et de s'approprier à sa destination nouvelle — (sauf que les Félibres entendent nous rendre le Moyen-Age tout entier en même temps que son langage, ce qui sans doute est une supposition inadmissible). Et s'il est indispensable que la langue d'oc se modernise pour s'élever au niveau de tout ce que réclame la vie moderne, où chercher ces modifications, ces accroissements nécessaires à donner à l'idiome de nos pères ? Est-ce dans les patois qui sont actuellement ses seuls rejetons ? Non, car ce ne sont que des patois, c'est-à-dire des langages appauvris et rabaissés à la condition des esprits incultes à l'usage desquels ils sont relégués. Les patois ne sauraient donc fournir ces élémens de régénération. Les Félibres iront-ils les demander à la langue d'Oïl, au français, dont la suprématie leur est insupportable, et dont tous leurs efforts tendent à s'affranchir? Mais ce serait confesser que cette suzeraineté du français est légitime, ou du moins inévitable, puisque le provençal ne pourrait recouvrer son ancien domaine qu'en se francisant, qu'en cessant d'être lui-même pour revêtir la livrée de la langue rivale!

C'est pourtant à ce dernier parti que le Félibrige s'est arrêté ; *patoiser le français à la provençale*, telle est l'opération dont le produit nous est offert comme la rénovation de la langue d'Oc classique dans toute sa beauté!

A côté du mérite littéraire, des talents poétiques éminents dont certains Félibres ont fait preuve, il se rencontre chez eux un manque de critique philologique qui aurait suffi à elle seule pour faire échouer leur entreprise de restitution de la langue d'oc. Nous allons indiquer brièvement les fautes principales qu'ils ont commises comme conséquences de cet oubli de certains principes de la science des langues.

Lorsque une langue règne sur une région étendue, et que tous les points de ce territoire ne sont pas rattachés à un centre politique unique, mais se groupent séparément autour de plusieurs (comme par exemple dans les pays Allemands, dans l'Italie, jusqu'à ces derniers temps, et dans la Grèce ancienne), le parler varie suivant les lieux de diverses manières, et quelquefois très-profondément, surtout parmi le peuple ; et si cette langue possède néanmoins assez d'uniformité à travers toute l'étendue de son domaine pour ne constituer qu'une langue unique, et non plusieurs (bien que pouvant offrir un petit nombre de variantes provinciales peu distinctes entre elles qu'on appelle des *dialectes)* cette uniformité, elle ne la possède en réalité que comme langue écrite, et aucunement sous le rapport de la prononciation, qui revêt toujours un caractère local plus ou moins accentué, non-seulement dans les couches sociales inférieures, mais aussi dans les hautes classes, où existe un isolement moindre d'une province à l'autre. L'unité orthographique recouvre et dissimule toute cette diversité phonique, et conserve l'identité du langage national. Mais que l'orthographe s'applique à souligner chacune de ces inégalités locales de prononciation sans nombre, et il ne faudra rien de moins que créer une orthographe et un alphabet spéciaux pour chaque province, pour chaque canton, pour chaque village, et la langue d'une nation se dissoudra aussitôt, s'émiettera en une multitude infinie d'idiomes de clocher, c'est-à-dire de *patois*. Or c'est là ce que les Félibres ont fait de la langue d'Oc contemporaine en s'inspirant, quand ils ont tenté de l'écrire, de ce faux principe linguistique qu'*il faut écrire comme on parle*. Chacun de ces modernes troubadours, composant dans le patois de sa paroisse, n'a pas de plus grand souci que d'en reproduire religieusement toutes les nuances d'accent, du mieux qu'il peut, au moyen d'une orthographe qu'il a confectionnée lui-même de toutes pièces pour cet usage tout spécial; et ainsi, au lieu de masquer ces innombrables variantes de son des parlers locaux (qui sont simplement des senteurs de terroir) par l'unité d'orthographe d'une grande langue écrite, l'écriture ne sert qu'à exagérer ces différences, et le plus souvent à en fausser l'interprétation étymologique. La littérature félibresque a créé de la sorte une véritable Babel de patois, une énorme confusion, une cacophonie immense, à la place de cette belle langue provençale que l'on se flatte ingénûment d'avoir fait renaître de ses cendres.

Comme tous ceux qui n'ont pas fait une étude spéciale de la philologie, et même comme plus d'un philologue et romaniste d'incontestable mérite, les félibres, et avant eux les écrivains qui ont eu la fantaisie de s'essayer au patois depuis la fin littéraire de la langue d'Oc, se sont fourvoyés pour avoir perdu de vue un principe : ce principe, c'est que les signes alphabétiques n'ont pas une valeur absolue, intrinsèque, mais ont une valeur purement relative, purement conventionnelle, purement contingente. Autrement dit, tel signe ne représente pas nécessairement tel son, mais peut représenter plusieurs différents sons dans les diverses langues, et aussi dans une *même* langue. Qui ignore que les différentes langues ayant en commun un même alphabet, l'alphabet latin par exemple, ont chacune une manière de l'interpréter qui lui est particulière ? Que chacune d'elles a un système de conventions orthographiques qui diffère toujours plus ou moins, et quelquefois du tout au tout, de celui des autres langues employant les mêmes caractères ? Qui ignore encore que dans la même langue, dans le français notamment, et surtout dans l'anglais, la *même* lettre écrite peut servir à représenter deux lettres parlées très distinctes, et même trois, et jusqu'à quatre ou plus, et que, réciproquement, le même son peut être figuré de plusieurs manières ? Commençons par le premier signe de notre alphabet : A a-t-il une valeur constante en français ? Non assurément, car A, dans *âne*, figure un son sensiblement autre que celui qu'il figure dans le mot *an* ; et ces deux sons n'ont rien de commun avec celui que prend le signe A quand il est suivi du signe I ou du signe U. Mais si A varie quelque peu de valeur dans le français, la phonographie anglaise lui prête trois acceptions complètement différentes ; ce signe y représente à la fois les sons français de l'A dans *fat* et dans *mare* ; le son français de l'E dans *été* ; et le son français de l'O dans *bol*.

Passons au signe voyelle E. Nous négligerons les trois légères nuances de prononciation auxquelles cette lettre est sujette en français, et qui sont notées dans l'écriture par les marques accessoires appelées accent aigu, accent grave, accent circonflexe ; mais c'est une différence vocale profonde que celle qui distingue les trois E du mot *enquête*. Le son du premier *e* se confond en effet avec celui de l'*a* : *encre* et *ancre* sont absolument homonymes, phoniquement parlant. Observons maintenant ce signe dans l'anglais : sa prononciation y est aussi diverse que celle de l'*A*. Tantôt elle prend le son de notre I français, tantôt le son se notre *EU*, et quelquefois seulement le son de notre E.

La voyelle I est un autre caméléon : sans sortir du français, nous constatons qu'elle peut revêtir deux formes phoniques très distinctes ; quoi de plus différent que les deux I du mot *intime*? En anglais, le signe I représente concurremment quatre voix qu'on ne saurait confondre : le plus souvent, il est, non point simple voyelle, mais diphthongue, et a le son de notre AI dans *baïonnette* ; dans certains cas, il équivaut à notre *EU* ; etc.

O est sensiblement identique à lui même en français, sauf pourtant que, associé à I et U, il concourt à exprimer respectivement deux sons qui ne ressemblent aucunement au son qui lui est propre quand il est employé séparément. Notons en passant qu'O a en français deux succédanés dans les signes composés AU et EAU. Dans l'anglais, il est sujet à des variations moins nombreuses et moins tranchées que les voyelles précédentes. Cependant il y revêt parfois la forme phonique de l'*ou* français, comme dans *to move*, *to prove*. Les italiens attachent au même signe, suivant le cas, deux sons perceptiblement distincts, l'un *largo* et l'autre *stretto*.

U exprime en français un son voyelle qui n'existe ni dans l'italien, ni dans l'espagnol, ni dans l'anglais ; ce même signe désigne des sons tout différents dans ces dernières langues. Il en désigne au moins trois bien distincts chez les anglais, que nous pourrions noter en français par les signes composés IOU, EU, OU.

Que dirons-nous des signes-voyelles composés? AU rend un son de voyelle simple, en français et en anglais, où il a la même signification phonique que O. Dans toutes les autres langues faisant usage des caractères latins, ce signe exprime une diphthongue dont le double son n'a absolument rien de commun avec celui de notre O. — Le signe composé OU, dont l'usage n'existe guère que dans le français et dans l'anglais, sert, dans la première de ces deux langues, à figurer la voyelle simple que les Italiens, les Espagnols et les Allemands rendent par U; dans l'autre, il a la valeur d'une diphthongue dans laquelle l'O représente le son de notre A, et l'U le son de notre OU. — Pour exprimer ce dernier son, les Anglais emploient le plus souvent deux O.

Certains signes consonnes ont aussi des acceptions phoniques très-variables : le C des Espagnols devant *e* et *i* sonne sensiblement comme le TH des Anglais, et le C suivi des mêmes voyelles a chez les Italiens le même son que le CH des Espagnols et des Anglais, un son, par parenthèse, étranger à la langue française. Dans celle-ci, *Ce, Ci* sonnent absolument comme *Se, Si*. Le son qui répond au CH français est inconnu de l'Espagnol ; les Italiens le rendent par

SC, les Anglais par SH, les Allemands par SCH.

J, consonne en français, en espagnol et en anglais, mais de trois manières très distinctes, est voyelle pour les Italiens et les Allemands.

V se confond phoniquement avec B pour les Espagnols, et les Allemands lui donnent la même valeur qu'à F. Pour rendre notre son du V ils ont ajouté à l'alphabet latin le signe W, que les Anglais, ainsi que les Wallons, interprètent par le son français de OU.

Si j'ai insisté aussi longuement sur les arides détails qui précèdent, c'est pour en faire sortir avec toute l'évidence possible cette vérité philologique d'une importance capitale que nous reprochons aux félibres d'avoir méconnue au grand détriment de leur entreprise de restauration linguistique. Il a échappé à l'attention de ces zélés rénovateurs de la langue d'oc que toutes les langues écrites ont leur phonographie propre, c'est-à-dire leur système conventionnel d'orthographe en vertu duquel tel son est figuré par telle lettre de l'alphabet, en vertu duquel chaque *signe* alphabétique peut avoir une signification multiple et exprimer plusieurs sons différents suivant les cas ; il leur a échappé que tel est le fait de toutes les langues, et que celle que nos ancêtres nous ont transmise par écrit devait sans doute obéir à la loi commune. Ainsi que les Français du Nord, les adeptes du Félibrige ont appris les rudiments de la lecture et de l'écriture par l'organe de la langue française ; et alors, tout comme des Français du Nord eussent fait, ils ont lu les écrits de la vieille langue d'oc *à la française*, de même qu'ils lisent le latin à la française, de même encore que tous nous lisons à la française les diverses langues étrangères, mortes ou vivantes, dont les règles de prononciation nous sont inconnues, et sans nous préoccuper de ce que peuvent être ces règles. Ainsi lus, ainsi prononcés, les mots du vieux provençal ont sonné aux oreilles de nos félibres d'une façon toute autre que les mots correspondants de nos modernes patois, et on s'est hâté étourdiment d'en conclure qu'une révolution profonde s'est opérée dans la phonétique de notre idiome indigène dans un laps de temps relativement très court. D'un autre côté, quand on a voulu écrire le provençal actuel, nos patois, c'est-à-dire en figurer les sons par les signes de l'alphabet, on a employé ces signes avec la valeur conventionnelle qu'ils ont en français, autant qu'on l'a pu du moins, et on a eu alors une langue d'oc moderne écrite qui différait à un degré surprenant de la langue d'oc des vieux parchemins.

On ne s'est pas aperçu, on ne se doute pas encore qu'on est le jouet d'une illusion, et qu'on est soi-même les auteurs de ce contraste étrange qu'on croit voir éclater entre la langue d'oc d'il y a environ trois cents ans (les monuments écrits du provençal littéraire vont jusqu'au milieu du XVIe siècle) et celle qui se parle de nos jours. Et en effet, ce contraste est tout apparent, tout factice, ce contraste résulte tout entier de la double erreur où nous tombons en traduisant, d'une part, l'écriture du vieux provençal en des sons français, et, d'un autre côté, en appliquant l'orthographe française aux sons du provençal moderne.

N'est-il pas évident que cette différence serait d'une autre sorte pour des Italiens, des Espagnols, des Anglais, des Allemands, des Roumains, des Flamands, des Suédois, c'est-à-dire pour des observateurs qui, habitués à convertir l'écriture en parole et la parole en écriture d'après des règles de corrélation autres que celles du français, auraient une autre manière que nous de prononcer les textes de la langue d'oc ancienne, et aussi une autre manière que nous d'écrire les patois d'aujourd'hui ?

On nous fera peut-être l'objection suivante: Le vieux provençal ne nous étant connu que par des monuments écrits, ne parlant plus à l'ouïe, mais seulement à la vue, étant, en d'autres termes, une langue morte, la clef de sa prononciation se trouve perdue, et alors les lecteurs sont bien réduits à lire cette langue morte comme ils lisent le latin, c'est-à-dire en lui prêtant une prononciation quelconque, ou plutôt celle de leur langue maternelle, qui se recommande naturellement à leur choix. Et pareillement, quand il s'agit d'écrire le patois, peut-on faire autrement que de recourir pour cela aux procédés orthographiques de la langue dans laquelle on a fait son éducation littéraire, qui nous est la plus familière ?

A ces arguments nous répondrons :

Sans doute, s'il n'est pas possible de déterminer la manière dont nos ancêtres parlaient leur langue, nous serons obligés, pour lire leurs écrits, d'adopter une prononciation de convention qui pourra à notre guise être celle du français ou toute autre. Mais alors, *employant pour* lire le vieux provençal une prononciation que nous savons lui être étrangère, nous commettons une absurdité palpable en argüant néanmoins de cette fausse prononciation comme si elle était la vraie, et en l'opposant à celle du provençal moderne pour établir la prétendue différence existant entre les deux âges de la langue d'oc.

Et d'un autre côté, si nos patois du Midi n'ont pas une orthographe de tradition, une orthographe qui leur soit dès longtemps acquise, qui soit leur patrimoine, il sera nécessaire, pour pouvoir les écrire, de leur en créer une, ou bien de leur prêter celle d'une autre langue, celle de la langue française par exemple. Mais, cela fait, nous commettons une autre inconséquence criante quand nous mettons en parallèle le provençal moderne écrit, écrit d'après cette orthographe de notre façon, avec le vieux provençal, écrit suivant un système phonographique autre, et prétendons conclure des différences qui se manifestent entre ces deux *écritures* à une différence quelconque entre les parlers correspondants.

Mais devons-nous concéder que la prononciation du vieux provençal soit perdue ; devons-nous concéder d'autre part que les patois de la langue d'oc n'aient pas une orthographe à eux et toute faite, et qu'il soit besoin de leur en forger une ? — Assurément non ; nous nions absolument ces deux points.

Deux traités de grammaire et de prosodie provençales composés, l'un au XIIIe siècle, l'autre au XIVe, nous apportent un témoignage formel comme quoi les particularités de prononciation les plus marquées qui sont regardées comme distinctives de la langue d'oc moderne, et dans lesquelles on croit voir la preuve d'une véritable révolution phonique survenue dans notre langage du Midi vers la fin du XVIe siècle, aussi bien qu'une cause suffisante pour rendre l'orthographe de la vieille langue inapplicable à la nouvelle, appartenaient déjà au provençal de la meilleure époque. Où réside surtout l'apparent contraste entre la vieille phonétique et la nouvelle? Il porte principalement sur les lettres vieux-provençales A, O, et consiste en ce que ces deux lettres, toujours constantes dans l'écriture de l'ancienne langue, passeraient, à peu près dans la moitié des cas, respectivement à l'état de O et OU dans le langage actuel. C'est ainsi par exemple qu'on argumente : « Anciennement, on disait à Rodez **la** *femna*, **lo** *monde*, ce sont tous nos titres du Moyen-Age qui en témoignent ; et aujourd'hui en patois ruthénois nous disons **lo** *femno*, **lou** *mounde*. Donc l'*a* s'est changé en *o* et l'*o* s'est converti en *ou*. »

Ce raisonnement paraît vainqueur, et ce n'est pourtant qu'un bien pauvre sophisme. On peut en faire justice en deux mots : Nos ancêtres mettaient *a* là où nous mettons *o*, et mettaient *o* là où nous mettons *ou* ; mais qu'est-ce qui nous prouve que ce soit là autre chose que deux différentes manières de noter les mêmes sons, l'une étant la notation provençale, l'autre la *notation française* ? Rien, assurément, car, comme nous l'avons longuement exposé tout à l'heure, l'exemple des langues vivantes actuelles nous démontre qu'un même son, un même mot *parlé*, peut être figuré tout différemment dans les différentes langues employant le même alphabet. Donc, quand nous observons d'une part une similarité si exacte à tous autres égards entre les mots vieux provençaux et ceux qui leur correspondent dans le patois, et que d'autre part nous considérons que le système phonographique français qu'il nous a plu d'appliquer au patois n'a aucun rapport nécessaire avec le système inconnu que suivaient les écrivains de la langue d'oc classique, et qu'il pourrait en différer du tout au tout, le plus probable alors c'est que les sons des voyelles en question n'ont pas changé en passant de la bouche des vieux Rouergats dans celle de leurs descendants, mais que c'est simplement l'ancienne manière d'écrire ces sons qui a été remplacée par une nouvelle.

Et maintenant ajoutons que cette présomption fait place à une entière certitude en présence des témoignages consignés dans les deux traités cités tout à l'heure. En d'autres termes, il résulte de ces documents authentiques et très explicites que ce que nos pères écrivaient ***la femna***, ***lo monde***, en se conformant aux règles de leur orthographe nationale, ils le prononçaient tout comme ce que nous écrivons aujourd'hui ***lo femno***, ***lou mounde***, en essayant de phonographier notre idiome d'après la méthode française.

Le *Donatus provincialis* du troubadour Hugues Faydit, auquel on assigne pour date la fin du XIIIe siècle, et les *Leys d'Amors* de Molinier, chancelier de l'académie des Sept poètes de Toulouse, dont la rédaction fut achevée en l'an 1356, s'accordent à enseigner que les signes alphabétiques *a*, *e*, *o*, sont susceptibles, chacun, de deux sons différents, que ces auteurs distinguent par les épithètes de *larc* ou *plenissonan* et de *estrech* ou *semissonan*. Or après avoir posé cette distinction, ils en offrent des exemples dans de longues séries de mots. Eh bien, Messieurs, voici ce qu'il vous sera facile de constater à votre tour comme je l'ai constaté moi-même ; c'est que dans tous les cas où l'*a*, l'*e* et l'*o* sont indiqués comme *larc* ils correspondent, dans notre patois, respectivement à ce que nos écrivains patoisans écrivent *o*, *è*, *o* ou *ouo*, et que dans tous les cas où ces voyelles sont données comme *estrechas*, elles correspondent respectivement à nos modernes *o*, *é*, *ou*.

Le principe de la *bisonnance* des trois voyelles dont il s'agit est formulé dans les *Leys d'Amors* en ces termes :

« Vist havem qu'es letra, e mostrat que una vocals fay dictio ; aras volem mostrar quantas vocals son. E debetz saber que cinq vocals son : *a*, *e*, *i*, *o*, *u* ; et alcunas d'aquelas, segon nostre romans, son mota vetz plenissonans, et adonx reteno lor propri so coma vezetz en aquestz yssemples : *las*, *bels*, *fis*, *joys*, *lutz*. — *a*, *e*, *o* sonan motas vetz d'autra maniera, am petit so e mejancier, coma *peza*, *grana*, *bes*, *devers*, *honors*, e en ayssi dels autres lors semblans. » (*Leys d'Amors*, édition de Gatien-Arnoult, Toulouse, 1841, 1er vol. p. 16.) Le même traité renferme une autre indication fort précieuse sur la prononciation de l'*o* provençal. A propos d'onomatopée, l'auteur figure ainsi le chant de la tourterelle et celui du coucou : « *Toto, Cocut.* » Il est incontestable que les sons qu'on a entendu figurer de la sorte sont ceux qui se rendraient en français par *toutou* et *coucut.*

Le même traité donne ensuite un petit nombre d'exemples de ces doubles variantes ; mais le *Donat provençal* nous en offre une collection copieuse dans le dictionnaire de rimes qui termine cet ouvrage. On y rencontre notamment des mots que les *Leys d'Amors* nomment *utrisonans*, et qui, sous une même forme écrite, cachent deux formes parlées distinctes, l'une *large* et l'autre *étroite*, auxquelles correspondent deux significations également distinctes. Bornons-nous à donner ici un court spécimen de ces séries de mots ayant double prononciation et double sens par la variation phonique des lettres *a*, *e*, *o* :

1° MOTS EN A *larc*......	MOTS EN A *estrech*
Cas (*casus*)....	Cas (*canes*)
Gras (*grossus*).	Gras (*grana*)
Mas (*mansus*)..	Mas (*manus*)
Vas (*is*).......	Vas (*versus*)

2° MOTS	EN **E** *larc*....	EN **E** *estrech*
	Pes (*pedes*)....	Pes (*pondus*)
	Pres (*propè*) .	Pres (*apprehensus*)
3° —	EN **O** *larc*.....	EN **O** *estrech*
	Sol (*solum*)...	Sol (*solus*)
	Cors (*corpus*) .	Cors (*cursus*)
	Sort (*sors*)....	Sort (*surdus*)

Contentons-nous de répéter cette énonciation que nous avons déjà formulée et dont tous ceux à qui notre patois est familier trouveront une entière confirmation dans les deux traités ci-dessus mentionnés : La double variation des lettres vieux-provençales *a*, *e*, *o* en larges et étroites coïncide exactement avec la distinction de nos *a*, *è*, *ouo* d'une part, et de nos *o*, *é*, *ou*, d'autre part ; et nous croyons que de ce parallélisme constant, absolu, on doit conclure que les sons patois rendus aujourd'hui à la française par les signes *o*, *é*, *ou*, ne diffèrent pas de ceux que les anciennes grammaires de la langue d'oc désignent par les dénominations de *a*, *e*, *o* étroits, et qu'il serait plus juste d'appeler *fermés*, tandis que les sons opposés seraient dits *ouverts*.

On ne peut pas mettre davantage en doute que les signes diphthongues de l'écriture provençale ne représentent de vrais diphthongues parlées , alors qu'ils n'expriment en français que de simples voyelles. Oui, on ne peut pas s'arrêter un instant à douter que les *au*, *eu*, *ou* de la vieille langue n'exprimassent des diphthongues, et les mêmes que notre orthographe patoise-française s'évertue à rendre par ces bizarres et impuissantes accumulations de lettres : *aou*, *eou*, *oou*.

Les *Leys d'Amors* contiennent ce passage (*loc. cit.* p. 20) : « Uech diptonges havem segon nostre lengatge; sos a saber, *ay*, *ey*, *oy*, *uy*, *au*, *eu*, *iu*, *ou*, coma *gay*, *rey*, *joy*, *cuy*, *vau*, *leu*, *viu*, *nou*. »

Je ne terminerai pas sur ce point sans vous signaler un fait digne de vous intéresser tout particulièrement comme Rouergats. La double prononciation que les grammairiens de la vieille langue d'oc assignent à l'*a* n'existe pleinement que dans le patois du Rouergue et celui de quelques autres points très limités du Centre. En effet, ce n'est pas seulement l'*a* atone des finales féminines qui est signalé comme étroit, c'est-à-dire comme répondant à l'*o* de l'orthographe moderne ; c'est aussi l'*a* portant l'accent tonique dans plusieurs catégories de mots, notamment ceux qui répondent aux mots latins en *anus*, tels que *romanus*, *germanus*, *christianus*, *altanus*, etc., dont le vieux provençal fait romà, germà, christià, altà. Or, cette catégorie d'*a* toniques, formellement indiquée dans les *Leys d'Amors* et le *Donat proensal* comme *estrech*, ne prennent le son de l'*o* français que dans notre département, à l'exception même de sa partie méridionale, et sur quelques autres points des deux régions montagneuses du Centre et de l'Est. Mais, répétons-le, c'est surtout pour les formes dialectales propres au Rouergue que les règles de prononciation dont il s'agit paraissent avoir été formulées par les anciens grammairiens provençaux, car ces règles ne trouvent une application aussi complète, aussi adéquate dans le parler d'aucune autre province de la languo d'Oc.

Les considérations que nous venons d'exposer (et nous aurions pu en ajouter encore d'autres d'une égale valeur) autorisent, croyons-nous, le jugement que nous avons porté sur les félibres et sur leurs émules anticipés, les écrivains patois qui les précédèrent.

Nous avons dit, et nous pensons qu'il doit être clairement démontré maintenant, que tous ces prétendus rénovateurs de la langue et de la littérature provençales ont marché constamment le dos tourné vers leur but. N'ayant pas le moindre souci de la philologie de la langue d'oc, ignorant la prononciation à donner aux anciens écrits de cette langue, ignorant l'orthographe légitime de son parler actuel, et néanmoins pleins de confiance, ils ont achevé la ruine de ce qu'ils voulaient relever. Comment le chauvinisme occitanien de M. Mistral et de son école a-t-il pu donc se résoudre à une humiliation à la fois si cruelle et si inutile? Pourquoi, alors qu'il était si simple et si naturel; alors que tout commandait de renouer purement et simplement la tradition orthographique de la vieille langue pour écrire la nouvelle, pourquoi s'est-il résolu à traiter celle-ci à l'égal d'une langue de sauvages qui serait sans passé littéraire et grammatical, et a-t-il été demander au français l'aumône d'une méthode de notation pour subvenir à cette indigence?

Mais encore le français ne s'est-il pas trouvé tout-à-fait en mesure de rendre le service demandé; car son système phonographique n'a pas prévu certains sons provençaux étrangers à la langue d'oïl; il est insuffisant notamment pour exprimer nos voyelles atones, si variées et si fréquentes; il ne peut non plus traduire nos diphthongues nombreuses, et son signe *ch*, qui répond à un son que nous n'avons pas, ne peut par conséquent représenter notre *chuintante* sans changer de signification. On aurait dû se raviser en présence de ces difficultés, et revenir sur ses pas; mais on ne l'a point fait, et au lieu de renoncer, comme c'eut été si facile, à infliger aux patois provençaux l'écriture française, qui leur est incompatible, quand ils possèdent déjà par droit d'hérédité une écriture qui n'a pas cessé de leur être conforme, on a pris le détestable parti d'altérer les conventions phonographiques de l'écriture française là où elles étaient inapplicables, et on a réalisé de la sorte un système hybride combinant l'écriture d'emprunt et l'écriture d'invention, et privé des avantages de l'une et de l'autre tout en réunissant les inconvénients de celle-ci et de celle-là ; un système qui, n'étant emprunté que pour moitié à une langue étrangère, est aussi embarrassant pour ceux qui savent cette langue que pour les autres, et qui, n'étant fabriqué *ad hoc* que pour l'autre moitié, manque d'unité, est disparate et équivoque. On ne pouvait donc avoir la main plus malheureuse.

Nous devons constater que certains félibres parmi les plus marquants ont voulu réagir contre l'erreur commune ; mais leur tentative en vue de rentrer dans l'orthodoxie philologique est restée incomplète. C'est ainsi que M. l'abbé Roux et M. Azaïs, s'ils ont bravement rétabli l'antique *a* à la place de l'intrus *o* moderne, ont cependant reculé quand il s'est agi de rendre au vieil *o* sa double valeur, et ils ont suivi la foule des félibres en substituant à l'*o estrech* le signe français *ou*, ce qui est une faute des plus regrettables.

Dirons-nous que tout, dans le Félibrige, est mauvais et à rejeter ? — Non, assurément. Le Félibrige à nos yeux a tout au moins un grand mérite, celui d'appeler les esprits vers des hauteurs plus nobles que les bas fonds où les intérêts privés s'agitent ; le cri du Félibrige est dans tous les cas un *sursum corda* !

Cette école a fait fausse route, elle court après des chimères ; mais elle a su grouper une multitude d'intelligences dont quelques-unes fort brillantes, et aussi une foule de cœurs ouverts aux sentiments généreux. Telle quelle, cette organisation constitue une véritable puissance, et par les éléments qu'elle renferme il est en son pouvoir d'opérer le bien. Pour cela il faudrait seulement que son action fut ramenée dans la voie de la science et de la saine logique, et dussions-nous paraître trop peu modeste, nous avons cru devoir essayer de contribuer à un si désirable résultat, ne fusse que dans la plus faible mesure.

Le Félibrige a une prédilection ardente pour la France méridionale et il aime ardemment aussi les peuples latins, auxquels naturellement s'opposent à ses yeux les nations germaniques. Ces préférences n'ont rien en soi de fâcheux ; elles peuvent même porter d'excellents fruits, mais pour cela il faut qu'elles ne soient ni étroites ni aveugles. Félibres, vous aimez les peuples de la langue d'Oc, vous aimez les peuples des pays romans ; c'est fort bien, mais vous devez attester cet amour en vous rendant véritablement utiles à ces peuples, qui vous sont si chers. Apprenez leur donc premièrement à se connaître soi-mêmes : le γνῶθι σεαυτόν ne s'adresse pas moins aux nations qu'aux individus ; faites leur connaître leur passé tel qu'il fut, ce qui sans doute aura moins pour effet de les y ramener que de les aider à en sortir tout à fait ; enseignez-leur leur histoire intime, leur histoire sociale, mais sous son vrai jour et sans réticences, et une connaissance critique et approfondie de la langue indigène sera d'un très-grand secours pour cet objet. Signalez à vos peuples les qualités natives dont ils ont à tirer profit ; mais ce sont leurs défauts surtout que vous devez leur exposer dans toute leur nudité, ces défauts, innés ou acquis, cause de leur infériorité vis-à-vis de ces autres nations, non pas tant d'une autre race que d'une autre tradition et d'une autre éducation, qui semblent sur le point de saisir le sceptre du monde.

Au contraire, le Félibrige n'a-t-il pas employé sa littérature à bercer nos imaginations méridionales dans les rêves d'un pernicieux anachronisme ? N'a-t-il pas cherché jusqu'ici à nous endormir plutôt qu'à nous réveiller de notre léthargie ? N'a-t-il pas caressé, encouragé certaines tendances dominantes et caractéristiques des Latins, qui jadis purent être sans inconvénient et avantageuses même pour eux, mais qui, dans le milieu tout nouveau créé aux nations comme aux particuliers par la civilisation contemporaine, ne sont plus qu'une faiblesse, une cause d'abaissement, une redoutable menace de décadence et de ruine ? Les Félibres n'ont-ils pas soufflé aux oreilles auxquelles s'adressent leurs chants des sentiments peu fraternels, peu chrétiens, pour des races rivales, au lieu de nous enseigner le secret de leur supériorité croissante, au lieu de nous inspirer une émulation bienveillante et active tout à la fois qui seule peut nous rendre nos avantages perdus ? Non, assurément, ce n'est pas en réveillant les souvenirs de la bataille de Muret, ce Waterloo de notre vieux Midi, ce n'est pas en cherchant à rallumer des passions épiques aussi refroidies que les cendres d'Ilium, ce n'est pas en évoquant les fantômes de Simon de Montfort, de Pierre II et du comte Raymond, ce n'est pas non plus en cherchant à nous fasciner, à nous séduire par les peintures de la société des tournois et des cours d'amour, une société qui n'est plus elle même qu'un fantôme ; ce n'est pas en s'y prenant de la sorte que le Fébrilige relèvera la fortune des peuples dont il s'est constitué l'avocat. Qu'il se demande plutôt pourquoi la France du Nord a primé celle du Midi, et un examen impartial des évènements lui répondra que c'est parce que la première a été imprégnée plus que l'autre par l'influence germanique. Et qu'il se demande ensuite à quoi les nations de souche germaine doivent de l'emporter de plus en plus sur les peuples latins ; c'est là la grande question, et nous allons essayer d'y répondre par ces deux mots : *Les peuples*

Romans ont le culte du Plaisir, les peuples Tudesques ont le culte du Travail.

Et hâtons-nous d'ajouter, crainte qu'on s'y trompe, que ce n'est pas la seule avidité des richesses matérielles qui porte à un si haut degré de tension les efforts laborieux de ces fils des Barbares : ils poursuivent avec une ardeur tout aussi âpre l'acquisition des biens de l'esprit, la culture intellectuelle, le savoir, l'accroissement de la valeur morale de l'homme, le perfectionnement de soi-même, ce que les Anglais appellent *self improvement*. Et d'ailleurs, s'il est vrai que l'oisiveté soit la mère de tous les vices, comment se pourrait-il que le travail ne soit pas à quelques égards le père de la vertu ?

Le Félibrige a pris pour son emblème la Cigale, et l'insecte chanteur, figuré en or, décore la boutonnière des adeptes aux jours de fête. Hélas, ce symbole trop bien choisi ne convient pas seulement à la corporation de bardes dont les chants sont consacrés à la Romanie ; il est la figure non moins fidèle de la plupart des populations qui vivent aujourd'hui sur un sol roman. Il est bien de chanter, et il n'est point mal de danser, mais il faut surtout travailler. La Cigale a son mérite, mais son défaut est grave, principalement par le temps qui court ; et c'est plutôt la Fourmi qu'on devra recommander comme exemple aux nations dont on souhaite de voir le relèvement.

Oui, on ne saurait trop le répéter, le malheur des nations latines est d'avoir été élevées à considérer le travail comme un châtiment, et par conséquent à le détester et à l'éviter le plus possible, et à concevoir l'idéal de la félicité sous les formes du *dolce far niente* des Italiens. Tout au contraire, aux yeux des autres nations leurs heureuses rivales, l'effort producteur n'est autre chose que l'emploi normal des forces physiques et mentales de l'homme, le moyen indispensable de conserver et de développer ces forces du corps et de l'âme, et enfin la grande source du bonheur et de la vertu, aussi bien que de la richesse et de la puissance.

Me permettrez-vous de vous signaler deux traits de mœurs qui mettent en relief bien curieusement cette radicale différence d'idées et de goûts entre les peuples de langue latine et ceux de langue germanique? Les voici.

Des pionniers, des émigrants de race germanique, Allemands, Anglo-Saxons, Hollandais, Danois, Suédois, n'importe, débarquent sur la terre lointaine et sauvage où ils sont venus se créer une autre patrie. Après s'être construit les premiers abris, ils mettent ensemble la main à l'œuvre pour élever deux édifices qui seront la propriété de tous. Mais pour quels besoins et pour quel usage ces deux bâtiments publics? — L'un sera l'*Église*, l'autre sera l'*École*.

Or, Messieurs, et il y a quelque chose de

triste dans ce qui va suivre, que des émigrants d'origine latine, que des Espagnols, des Portugais, des Italiens, et même des Français, abordent aussi dans la solitude qu'ils veulent peupler : eux aussi penseront tout de suite à se construire deux édifices pour l'usage commun, et qui répondent également pour eux aux besoins les plus pressants de la communauté. Mais ces deux constructions, autour desquelles se groupent tous leurs efforts impatients, ce n'est pas à la prière, ce n'est pas non plus à l'instruction qu'elles seront consacrées : un *Café*, voilà ce que sera la première ; une *salle de Bal*, voilà ce que sera la seconde !

Revenons au Félibrige et concluons.

Cette association peut, croyons-nous, rendre des services, et, si nous ne nous trompons, voici ce qu'il y aurait à faire pour cela. Nous ne demanderons pas au Félibrige de s'employer directement à répandre le français dans nos campagnes et de travailler à l'installer au foyer de toutes nos familles méridionales, ce serait contre sa nature. Mais nous lui demanderons de s'abstenir d'enrayer les progrès parmi nous de cette langue française qui seule peut servir de véhicule à l'instruction de nos paysans, de nos ouvriers, et apporter à nos populations un bienfait qui ne doit et ne peut leur être plus longtemps refusé. C'est sur les esprits éclairés et studieux que le Félibrige aura à exercer utilement son action sans faire aucune violence à ses tendances, en leur donnant même une légitime satisfaction. Préparer une exposition magnifique de toutes nos richesses ethnologiques, archéologiques, paléographiques et philologiques, et en constituer un trésor de documents pour une grande histoire de notre cher Midi, telle est l'œuvre vraiment patriotique vers laquelle le Félibrige devrait se tourner, en faveur de laquelle il devrait lancer un appel qui trouverait de l'écho dans toute la vaste région de la langue d'Oc, dans toutes ses villes et jusque dans ses moindres bourgades. Le côté le plus pressant de cette œuvre, c'est de recueillir et de conserver à la science les débris encore si riches, si instructifs de la grammaire et du vocabulaire provençaux sous leurs diverses formes dialectales, qui subsistent encore dans nos patois près de s'éteindre, car cette grammaire et ce vocabulaire sont loin et bien loin de se retrouver tout entiers dans les monuments littéraires de la langue.

Les Félibres sont avant tout des poètes; n'exigeons donc pas qu'ils fassent entièrement divorce avec la muse, la muse provençale, s'entend. Mais puisque nous avons tant fait que de leur offrir des conseils qu'ils ne demandaient pas, qu'ils mépriseront très probablement, allons jusqu'au bout; nous y serons bientôt du reste.

D'abord qu'ils répudient cette détestable hérésie philologique — que notre travail a eu principalement pour but de dénoncer — qui consiste à employer une méthode de notation anti-scientifique et anti-provençale pour écrire le provençal encore parlé de nos jours. On doit revenir et s'en tenir absolument, je ne dirai pas à *l'orthographe*, — ce terme implique des idées de grammaire, et nous n'entendons pas nier que nos patois diffèrent par certaines formes grammaticales de la langue classique, telle surtout qu'elle s'écrivit jusque vers la fin du XIVe siècle, — mais à la *phonographie* usitée chez nos pères jusqu'à l'époque (en Rouergue, cet événement ne remonte pas au-delà de 1550) où le français devint pour eux la seule langue écrite, et où l'art d'écrire et de lire la langue d'Oc s'éteignit avec la génération contemporaine.

La vieille et seule vraie manière d'écrire notre idiome vulgaire une fois rétablie, il y aura mieux à faire, croyons-nous, que de l'employer à rimer à outrance dans un patois qui sue par tous les pores le français dont l'auteur est tout imprégné, ou bien qui respire la trivialité et la grossièreté de la classe illettrée quand on veut reproduire fidèlement son langage pour éviter de franciser. Notre patois est tellement ruiné par la perte de mots qu'il fait tous les jours, et plus encore par l'acquisition d'horribles barbarismes tirés sans cesse du français, qu'il est en voie de passer à l'état de jargon, et ne peut déjà plus décemment être employé dans cet état pour aucune composition littéraire. Nous proposerions aux Félibres d'employer la langue du XVe siècle : elle a dépouillé les inutiles complications de la grammaire des Troubadours ; elle est déjà une langue moderne, mais son vocabulaire est encore intact, il est encore purement indigène ; elle aurait enfin l'avantage d'être très facilement entendue de ceux qui sont familiers avec le langage actuel, dont elle diffère peu. Et maintenant le genre dramatique serait, selon nous, celui auquel on devrait donner la préférence, en prenant pour sujets les épisodes ou les mœurs du Moyen-Age dans le Midi. Il y aurait peut-être là un procédé attrayant et efficace de nous faire faire connaissance intime avec cette période de notre histoire, que la Renaissance a trop bien réussi à faire oublier, mais qu'il importe de remettre au grand jour dans l'intérêt de notre instruction, de notre instruction politique principalement.

Sans doute une telle entreprise exigera de l'érudition, de la critique, des recherches approfondies, c'est-à-dire du travail et beaucoup de travail ; mais elle est une belle occasion pour le Félibrige de prouver aux romanistes allemands, d'Allemagne et de Paris, que nous aussi nous savons travailler, et que, dans l'ordre des études provençales, les *Provençaux* peuvent, sinon les dépasser, au moins les suivre.

LABOREMUS !

Rodez, imp. de v^e E. Carrère.

www.ingramcontent.com/pod-product-compliance
Ingram Content Group UK Ltd.
Pitfield, Milton Keynes, MK11 3LW, UK
UKHW020411220726
13923UKWH00004B/1878

9 782329 079738